PETER BUTSCHKOW

ÜBERLEBEN ab SECHZIG

LAPPAN

Sechzig?
Also das sieht man dir
wirklich nicht an!

LIEBES GEBURTSTAGSKIND,

wir alle, der Autor und der gesamte Verlag, der Drucker und Buchbinder, der Auslieferer und Händler, möchten auf diesem Weg die Gelegenheit nutzen, dir zu deinem furiosen 60. Geburtstag zu gratulieren! Dem Käufer dieses Buches steht es selbstverständlich frei, sich uns anzuschließen. Wir jedenfalls haben alles gegeben, um dir eine große Freude zu machen. Du wirst spüren, wie inniglich wir uns mit deinem Geburtstag, auch mit deinen Gefühlen und Gedanken, auseinandergesetzt und sie in humorvolle Bilder und Worte getaucht haben. Wir maßen uns an zu behaupten, keiner versteht dich so gut wie wir. Kein Freund, Verwandter oder Arbeitskollege – naturgemäß durchweg befangen und zu wahrer Wertschätzung nicht in der Lage – vermag zu würdigen, was du für ein großartiger Mensch bist. Nun genieße deinen Ehrentag und dieses wundervolle Buch, das im Grunde nur DIR gewidmet ist. Rechtliche Auflagen zwingen uns, dem Käufer dieses Buches Raum für persönliche Widmungen und Anmerkungen zur Verfügung zu stellen. Wir beugen uns dieser Pflicht in dem zufriedenen Bewusstsein, dass dir jetzt klar geworden ist, wer es wirklich gut mit dir meint.

Herzlichen Glückwunsch und großen Spaß wünscht/ wünschen dir

Peter Butschkow

INHALT

DIE PROMINENZ GRATULIERT!

Liebe Bürgerin, immer daran denken: Zehn Finger sind eine Raute. Im Bund sowie in den Ländern – als auch privat. In gemeinsamer Wertegemeinschaft ins neue Lebensjahr, die schwarze Null immer im Auge – und damit meine ich nicht Horst Seehofer. Sie schaffen das! Ihnen, liebe Bürgerin, alles Gute, Gesundheit und Wohlergehen, auch im Namen aller CDU-Mitglieder!

Ihre Bundeskanzlerin, Angela Merkel

· ·

Hömma, alter Falter, das Leben ist geil, Alter. Zieh einfach dein Ding durch, Mann, und immer schön locker bleiben. Prostata, alter Glühstrumpf!
Udo Lindenberg

· ·

Liebe Genossin, schreite aufrecht im Kampf gegen Pharma-Lobby und Pflege-Kapitalismus in das nächste Jahr. Die internationale Solidarität ist auf deiner Seite.
Deine Sarah Wagenknecht

· ·

Howdy, Pussybaby!
Happy birthday 2 you! Wo liegt eigentlich dieses fucking Germany? Bei Japan, oder? By the way, werd' reich und mächtig, dann läuft es prächtig.
I love you.
DONALD TRUMP

· ·

Fuck, Mann!
Du Hurensohn wirst heute schon wieder ein
verficktes Jahr älter? Scheiß drauf, popp die
Kerzen von der Torte und kack heut richtig ab!
Dein Bushido

Hier ist das Erste Deutsche Fernsehen, guten Abend und
herzlichen Glückwunsch, liebstc/r Jubilar/in.
Im Namen von Millionen Zuschauern wünsche ich dir alles
Gute und vor allem Sehkraft für die nächsten Jahrzehnte,
denn mit dem Ersten siehst du besser.
Deine Judith Rakers

MANN, EY, ALTER BEUTELTRÄGER, WÜNSCH DIR WAT! PASS UFF
DIR UFF UND KIEK HEUT NICH SO TIEF INNE FLASCHE, HÖRSTE?
KLOTZ DIE KNACKER UFF'N GRILL UND LASSET KRACHEN. WENN
DIE ALTE GREINT, MACH DIE MUCKE LAUTER. HÖ, HÖ.
DEIN MARIO BARTH

Liebe Schwester,
herzliche Glückwünschin zu deinem Geburtstag.
Lass dich nicht unterkriegen im Kampf gegen die
Vorherrschaft der Schwanzglöckner. Du bist eine
Frau, besser geht nicht. Viel Spaß bei Käse-Sahne-
Torte und Prosecco,
deine Alice Schwarzer

FRAUEN WERDEN IM ALTER IMMER CLEVERER.

BLINDE PASSAGIERE

AN MEINEM SECHZIGSTEN Geburtstag habe ich keine Kosten gescheut, hab mir in unserem örtlichen Gasthof den großen Saal gemietet, einen DJ gebucht und nur vom Allerfeinsten auffahren lassen. Man wird schließlich nur einmal sechzig. Es kamen gut 150 Freunde, Bekannte und Verwandte, alte Spielkameraden, Arbeitskollegen und die liebsten Nachbarn – alle, wirklich alle kamen. Ich hatte in meiner Einladung geschrieben, dass jeder selbstverständlich seinen Partner oder seine Partnerin mitbringen darf. Der Saal kochte, das Buffet brach unter der Last der Köstlichkeiten fast zusammen und die Getränke flossen in Strömen. Der Mensch, der am allerwenigsten von all dem hatte, war ich, der Gastgeber, total aufgekratzt und stets bemüht, es allen recht zu machen. Man drückt hier fahrig einen alten Freund, küsst dort flüchtig eine alte Freundin, stößt einem Nachbarn den Ellenbogen in die Rippen und klopft alten Arbeitskollegen jovial auf die Schultern. Man redet launig daher und macht seine Sprüche. Kurz und gut, man versprüht allgemeines Kommunikationsgut und kann sich auf nichts richtig konzentrieren, steht irgendwie neben sich. Immerhin genießt man das Gefühl, dass sich offensichtlich alle wohlfühlen und gut drauf sind.

Um mein eigenes Fest wenigstens im Nachhinein noch zu genießen, hatte ich meinen guten Freund Tom gebeten, alles mit seiner Videokamera zu dokumentieren. Er tat es ausgiebig, das nahm ich immerhin an diesem Abend nebenbei wahr.

Gegen sechs Uhr früh verließen die letzten Gäste leicht schwankend das Fest und verliehen mir, meiner Frau und dem Fest die Gesamtnote „1+".

Tage später lud ich Tom zu uns nach Hause ein, um nun alles ganz genüsslich und entspannt auf Video vor unseren Augen Revue passieren zu lassen. Tom hatte von Beginn an gefilmt: die Ankunft der Gäste, die Begrüßung, den Saal, die Tische und mit besonderer Freude den Sturm auf das Buffet. Dort fuhr er mit der Kamera ruhig die Warteschlange der Hungrigen ab, die sich mit ihren leeren Tellern dem Buffet entgegenschoben.

„Wer is'n das?", fragte ich meine Frau.

„Keine Ahnung", antwortete sie.

„Und die da?", fragte ich verwirrt.

„Nie gesehen, ich dachte, du kennst sie!?"

„Mir völlig fremd", murmelte ich.

„Wer is'n der da, der mit dem enorm gefüllten Teller?", fragte Tom.

„Also, ich kenne den nicht."

„Ich auch nicht."

Ich drückte spontan die Stopptaste, um eine Szene genauer zu betrachten: Ein Bärtiger schleppte einen turmhoch gefüllten Teller mit beiden Händen davon, aus der Jackentasche ragten drei Cabanossi und diverse Spießchen Bohnen im Speckmantel.

„Sage mal, wer ist denn der Typ? Der hat wohl tagelang nichts mehr gegessen. Kennst du den vielleicht, Tom?" Tom schüttelte den Kopf und antwortete: „Noch nie gesehen." Ich war sprachlos.

„Und die mit den roten Locken, die sich hinter Sabine gerade die Scampi auf den Teller stapelt? Freundin von dir, Schatz?"

„Bedauere, keine Ahnung, null."

Wir entdeckten noch eine unbekannte, ältere Teilnehmerin, aus deren Handtasche drei Aale mit toten Augen herausstarrten und einen weiteren fremden Gast, der sich mit ausgebeulten Hosen voller Frikadellen davonmachte. Kurz und gut – etwa zehn Prozent der Anwesenden, so stellten wir einhellig fest, waren Mitesser, Schmarotzer, Nutznießer, Menschen, die sich über irgendeine Connection heimlich in das Fest geschlichen hatten und sich nicht nur die Backen, sondern sogar die Taschen vollstopften. Was sie an Getränken verköstigt haben mochten, darüber wollte ich lieber nicht nachdenken.

„Mit so einer Quote musst du immer rechnen", sagte meine Frau, „übrigens hat der Wirt angerufen und beklagt, dass zwei Stühle fehlen."

„Also so was! Wer isst denn Stühle?", fragte Tom total ungläubig.

DEIN LEBEN

EINE ZWISCHENBILANZ IN ZAHLEN

Gelebte Tage: 21.000

Verschlafene Tage: 74.912

Gearbeitete Tage: 10.036

Krankentage: 69

Geburtstage: 60

Feiertage: 2.201

Konflikte: 1.309

Davon angezettelt: 1.309

Partner: 1

Alternative Partner: 2

Sex in Stunden: 8.632

Erfüllte Versprechen: 384

Gebrochene Versprechen: 384

Geglückte Vorhaben: 185

Missglückte Vorhaben: 421

Gute Vorsätze: 399

Gebrochene Vorsätze: 398

Gelacht: 10.641

Geweint: 9

BELASTUNGS-
GRENZE

JE ÄLTER MAN WIRD, umso mehr sehnt man sich nach Ruhe. Man ist einfach satt an Geräuschen, hat schon sechzig Silvester auf dem Buckel, unzähligen Hardrock-Konzerten gelauscht, brüllende Kinder großgezogen und ein paar Autounfälle verursacht, deren Symphonie aus berstendem Metall und Glas einen bis heute noch verfolgt. Auch Bilder mag man jetzt gerne ruhig, generell alles Zuckende und Platzende ist einem zuwider – man kriegt halt nicht mehr gerne einen Schreck, aus Angst, es könnte der letzte sein.

Für die heutige Unterhaltungsindustrie ist das kein Thema, im Gegenteil, sie bedient diese Tastatur exzessiv. Ruhige Musik – nur für Fahrstühle und Liebende und stille Bilder als Deko für Altenheime. Wird mal ein Film gedreht, der nicht alle fünf Sekunden einen Schnitt hat, so wird er in den Apotheken gleich als Beruhigungsmittel verkauft. Ich sah mal den Actionfilm „Transporter", von dem ein Kritiker schrieb: „Man hat zwei Stunden das Gefühl, es stünde jemand neben einem, der pausenlos mit einem Hammer auf eine Blechtonne hämmert." Stimmt. Danach kämpfte ich mit Herzrhythmusstörungen.

Mein Arzt riet mir zu alten Heinz-Erhardt-Filmen. Ein echter Schelm.

WAHRE WORTE

Früher folgte man seinen **Träumen,**
heute träumt man von den Folgen.

Zuhause ist da, wo du den Bauch nicht
einziehen musst.

Nur wer sich mit der Ex versöhnt,
kann die Hopp **heiraten.**

Man fühlt das **Alter,** wenn man sich alt fühlt.

Ein **gutes Leben** ist wie gestapeltes Holz,
man kann sich später damit erwärmen.

Lieber **Falten** im Gesicht, als Haare auf den Zähnen.

Geh raus und tu so.

„**Alt**" ist nur eine Taste.

Eine schlechte **Krankenversicherung** erkennst du daran,
wenn du sie gut gebrauchen könntest.

DER ALTE MANN UND DIE SCHLUCHT

KRETA, die Samaria-Schlucht – ein Muss, sagen meine Freunde, besonders im Mai. Also nix wie hin! Hochgerüstet – neuer Rucksack, Wanderschuhe, Stöcke, Mütze – und von meiner guten Kondition überzeugt, steige ich in den Flieger. Kreta ist so schön wie das Wetter, das kleine Hotel oben am Berg vor der Schlucht auch, das Bier schmeckt, der Raki besonders.

Am nächsten Morgen geht's los. Wir sind nicht alleine. Menschenmengen fluten aus Reisebussen und wollen sich wie wir in die Schlucht stürzen, darunter erstaunlich viele jüngere Menschen – und ebenso erstaunlich, sind diese leicht bekleidet: T-Shirt, Wasserflasche, Sneakers. Sie ein Sportwagen, ich ein Wohnmobil. Unten werden sie alle wieder abgeholt, wir nicht.

Gut gelaunt stapft unsere Dreierkolonne in diesen traumhaften Naturschutzpark, 18 Kilometer abwärts. Nach zwei Stunden spüre ich meine Oberschenkel, wie ich sie noch nie gespürt habe, nach drei Stunden ihre Verweigerung: Sie wollen mich nicht mehr tragen.

Was ich noch spüre, ist Reue. Warum habe ich sie vorher nicht ein bisschen trainiert? Warum in den Wochen davor so ungesund gelebt? Warum am gestrigen Abend so viel Bier und Raki in mich geschüttet? Warum kein Magnesium dabei?

....

Psychischer und physischer Schmerz vereinen sich jetzt, dazu das subtile Grinsen meiner Wanderfreunde: Der Alte schwächelt.

Ich stöckere mich mit 12 Kilo auf dem Rücken in der Schlange der Wanderwütigen die schmalen Wege hinunter, jeder Schritt schmerzt stechend – und das jede Minute mehr, wie mir scheint. Ich bettle immer häufiger um eine kleine Pause. Man schenkt sie mir. Wie lange werden sie sich noch von mir bremsen lassen?

„Lasst mich alleine", will ich ihnen sagen, „geht euren Weg, sagt meiner Familie, ich hab' sie geliebt. Geht!" Aber sie sind echte Freunde und lassen mich in meiner Überlebensprüfung nicht alleine. Es liegen noch zehn Kilometer vor uns. Nie wieder werde ich diese Schlucht verlassen können, nicht mit diesen renitenten Oberschenkeln. Ich werde hier wohl meine letzten Tage verbringen, vielleicht noch mal heiraten, Esel züchten und selbst geflochtene Sonnenhüte an Touristen verkaufen. An einer schmalen Stelle staut sich der Wanderverkehr. Als ich sie passieren will, stellt meine Oberschenkelmuskulatur endgültig auf Totalverweigerung, sie „macht zu". Nichts geht mehr. In logischer Konsequenz falle ich einfach um. Liege plötzlich auf dem Rücken und strecke meine langen Haxen und die Arme mit den Stöcken in die Luft. Ich sehe aus wie eine umgekippte Riesenschildkröte. Hilflos und vor allen gedemütigt.

Im Augenwinkel sehe ich junge, locker bekleidete Frauen meinen organischen Haufen lässig umkurven, in ihren Augen Mitleid und der Gedanke: Armer alter Mann, warum gehst du nicht lieber im Park spazieren?

Ich will brüllen: „Hört mal, ich bin fit, hab die Insel La Palma schon zwei Dutzend Mal umrundet, Täler und

Schluchten durchwandert, da seid ihr noch mit dem Holzgewehr ums Zelt geschlichen, was denkt ihr?!" Aber ich bleib stumm, allein schon, weil das Engländer sind. Ehe die mich verstehen ... Ich fühle mich tausend Jahre alt und möchte am liebsten versteinern, mit den Klamotten, und mit dieser Schlucht eine Symbiose eingehen. Auf ewig.

Doch dazu kommt es nicht. Meine Kameraden stellen mich wieder hin und irgendwie geht's stocksteif weiter. Ein Park-Ranger mit einem Nottransport-Esel hat mich schon im Auge, bemerke ich. Um Gottes Willen, nur das nicht! Der Film steht morgen auf YouTube und mein Ruf ist weltweit versaut: „Schlaffem Witzezeichner ist der Humor vergangen."

Aber irgendwann hat jeder Leidensweg ein Ende. Auch meiner. Gegen 17 Uhr schleppe ich mich aus der Schlucht und frag mich heute noch, wie ich das geschafft habe. Den letzten Kilometer absolviere ich in einem Bus, der all die Geschundenen und Verletzten auf ihrer letzten Etappe transportiert, die Versager. Ich bin in würdiger Gesellschaft. Die Italienerin hat ein kaputtes Knie, der Engländer hat es mit der Hüfte, der Holländer im Fußgelenk und ich prahle mit meinen Oberschenkeln. Gemeinsamer Schmerz macht glücklich und überwindet alle Sprachbarrieren.

Noch Tage später bin ich gelaufen, als hätte ich Prothesen an den Beinen. Aber nur bis zu meiner Liege, von wo aus gebettet ich im kühlen Schatten meine beiden bekloppten Freunde durch den Feldstecher auf ihrer nächsten Wanderung beobachten konnte, während ich mein erstes, kühles Bier zu mir nahm. Urlaub kann so schön sein!

■ HABEN SIE SICH IM LEBEN ZU VIEL GEFALLEN LASSEN?

83%

7%

6%

4%

Absolut.

Nein.

Solche blöden
Fragen muss ich mir
nicht bieten lassen!

Bin Masochist.

■ GLAUBEN SIE AN EIN LEBEN DANACH?

54%

27%

12%

7%

Halleluja.

Schön wärs.

Bleib locker!

Ich glaube an die
freie Marktwirtschaft.

ERINNERST DU DICH?

Jung kaputt spart Altersheim.

Hoffentlich werden wir so
alt, wie wir aussehen.

Ich kam, sah und sprühte.

Arbeit adelt, wir bleiben bürgerlich.

Allein schlafen fördert die Wohnungsnot.

Berufsverbot für alle bei
vollem Lohnausgleich!

Bevor uns die Farbe ausgeht,
sind eure Putzmittel alle.

Breit sein ist alles!

Sie wollen nur unser Bestes,
doch das kriegen sie nicht.

Sex, dope and anarchy is all
we need in Germany.

Stell dir vor, es ist Sonntag
und keiner kauft die BILD.

Treib' Sport oder du bleibst gesund.

DAS WUNDER DES LEBENS

OFTMALS STEHT MAN sprachlos vor Veränderungen. Wo einst eine Wiese war, steht plötzlich ein Haus, wo vormals ein zartes Pflänzchen spross, steht jetzt ein Baum und wo eben noch ein Kind war – ist plötzlich ein Erwachsener.

Als ich heute zum Einkaufen fuhr, stand vor dem Supermarkt ein Riesenkerl und rauchte. Ich blieb abrupt stehen und starrte ihn entgeistert an. Dann ging ich zu ihm hin und fragte ganz ungläubig: „Björn???"

„Ja", antwortete er.

„Nein!", erwiderte ich.

„Doch", antwortete er freundlich.

„Ich hab dich doch erst gestern noch mit deinem Schulranzen bei der Einschulung gesehen", sagte ich kopfschüttelnd und schämte mich gleichzeitig dieser Plattitüde. Immerhin hatte ich nicht „Meine Güte, bist du groß geworden" gesagt.

„Tja", sagte er vergnügt, „ist lange her." Ich musterte ihn ausgiebig, murmelte ständig: „Unfassbar", klopfte ihm auf die Schulter und seufzte dann immer noch leicht verwirrt, aber voller Anerkennung: „Der Björn, der Björn."

Er ließ das wohlwollend über sich ergehen, grinste breit, musterte nun wiederum mich interessiert von oben bis unten und fragte anschließend: „Sage mal, bist du kleiner geworden?"

OPA-ALARM

AM NACHBARTISCH IM CAFÉ sitzen drei aufgeregte junge Mädchen, das vierte liegt mitten auf dem Tisch, soll heißen, ist audiovisuell auf dem Handy über Facetime zugeschaltet und plärrt pausenlos. Offenbar ist sie die Hauptperson, denn alle drei Mädchen beugen sich ständig über das Handy und reden mit ihr.

Die Virtuelle scheint ihnen ihre neuesten Klamotten vorzuführen, ich höre aus dem Handy: „Ist der nicht sü-üüß?"

Die drei Mädchen antworten lustvoll quietschend: „Cooooool, total cool."

„Hammer süß!"

Dann eine kurze Pause, die Mädchen schlürfen ihre Smoothies, schon quäkt es wieder aus dem Handy: „Und der?" Alle drei werfen sich wieder über das Handy.

„Dreh dich mal um!", ruft die Dunkelhaarige.

„Voll cool!", findet die Blonde.

„Voll krass!", die Rothaarige.

Ich möchte mich einbringen und rufe launig zu ihnen rüber: „Hallo, darf ich auch mal sehen?" Die drei starren mich an.

Dann plärrt es aus dem Handy: „Was is'n bei euch los?"

„Ach, nur Opa-Alarm vom Nachbartisch", antwortet die Blonde.

WIR FRAUEN ...

... tragen **Bikini** jetzt nur noch unterm Kleid.

... schätzen jetzt **weitsichtige** Männer.

... lieben jetzt den schwäbischen Getränke-panscher **„Schorle".**

... gehen jetzt gerne zu **Ikea,** weil wir da so schön geduzt werden.

... tragen jetzt nur noch **High Heels,** wenn wir ans obere Schrankfach müssen.

... sitzen jetzt im **Straßencafé** eher hinten.

... schätzen jetzt die **Einparkhilfe.**

... tragen jetzt lieber **blickdichte** Strumpfhosen.

... gehen jetzt lieber zum **Homöopathen** als zum Frauenarzt.

... glauben jetzt nicht mehr an **Howard Carpendale.**

... schaffen uns jetzt einen **Hund** an.

... machen jetzt lieber **Walking Talking** als Nordic Walking.

WIR MÄNNER ...

... schnarchen jetzt unsere **Enkelkinder** in den Schlaf.

... schnitzen uns jetzt den ersten **Golfschläger.**

... sind jetzt auch auf **Facebook.**

... **grillen** jetzt ohne Gluten.

... verkaufen unsere **Krampfadern** jetzt als Tattoo.

... lesen jetzt auch am Urinal die **Zeitung.**

... braten uns jetzt unser erstes **Spiegelei.**

... fiebern jetzt unserer **Rentenberechnung** entgegen.

... tragen jetzt **Schwangerschaftshemden.**

... **schlafen** jetzt häufiger auf dem Sofa.

... wollen jetzt mit dem **Wohnmobil** durch Usbekistan.

... essen jetzt nur noch **alkoholfreies** Eis.

ERFÜLLUNG

„BITTE?", fragte ich sicherheitshalber noch mal nach.

Ja, seine Frau flöge nach Australien, bestätigte er mir. Will sechs Wochen mit Ruck- und Schlafsack durch das Land trampen.

„Alleine?", fragte ich völlig perplex.

„Alleine, ganz alleine", bestätigte er.

„Hat sie keine Angst vor giftigen Tieren?", fragte ich.

„Mein Lieber", antwortete er, „unsere Abgase sind giftiger".

„Und wer macht Haus und Garten?", wollte ich wissen.

„Ich", antwortete er.

„Ich dachte, sie hat es mit dem Rücken!?", fragte ich verstört. Sie hätte sich einen modernen Rucksack gekauft, so mit ergonomischer Gewichtsverlagerung, der sitzt perfekt.

„Räuber? Mörder?", gab ich zu bedenken. „Sie hat Pfefferspray", meinte er.

„Aber sie ist doch schon sechzig", erwähnte ich zaghaft.

Er lächelte weise: „Man muss sich im Leben seine Träume erfüllen."

„Chapeau!", rief ich und dachte in Wirklichkeit, seine Alte hätte doch nicht alle Kerzen auf der Torte.

Heute zeigt er mir auf seinem Handy Fotos von ihr aus Sydney. Sie am sonnigen Strand, sie im türkisfarbenen Meer, im Straßencafé, am Lagerfeuer mit Gitarre und fröhlichen Typen.

Morgen früh gehe ich sofort ins Reisebüro.

FRAGEN, DIE IMMER WIEDER GESTELLT WERDEN

Darf man einer Frau zum 60. Geburtstag sechzig Rosen schenken?

Um Himmels willen, nein! Als Faustregel gilt: Immer mindestens 30% weniger als das reale Alter. In diesem Falle also 42 Rosen. Unverblümte Beratung erfährt man in jedem fachkundigen Blumengeschäft oder im nächsten Gartencenter.

Gibt es am Geburtstag Bekleidungsvorschriften?

Grundsätzlich gilt für beide Geschlechter mindestens die Scham zu bedecken. Darüber hinaus obliegt es den jeweiligen gesellschaftlichen Schichten, anzuziehen was Sie wollen. Was gar nicht geht, sind Palmenwedel oder Mullbinden.

Kann man Geschenke verweigern?

Das Grundgesetz ist da auch nicht eindeutig, es gibt dazu allerdings ein Urteil, an dem man sich orientieren kann: Karl der Große bekam einst von seiner Ehefrau einen lebendigen Gartenzwerg zum Geburtstag geschenkt, aus humanitären Gründen allerdings lehnte der Kaiser dieses Geschenk ab und ließ seine Frau wegen menschenverachtenden Verhaltens foltern.

Muss ich jetzt meinen Schülerausweis abgeben?

Ja. Schülerausweis und Ministrantenpass sind ab 60 abzugeben.

Ist ein Gutschein als Geschenk einfallslos?

Keineswegs. Männer lieben Gutscheine für ihre Lieblingskneipe, Frauen eher für den Friseur. Im geizigen Schwaben verschenkt man zum Beispiel Gutscheine, die nichts kosten: „Du darfst im nächsten Jahr 100-mal „Halbsäggl" zu mir sagen" oder „Ich bin dir 20-mal nicht bös', wenn du zu spät zum Essen kommst". Andere Bundesländer wollen nachziehen.

Muss man sich an seinem Geburtstag als „alter Sack" oder „alte Krähe" bezeichnen lassen?

Hier ist die Rechtsprechung eindeutig: Jein.

Kann man sich gegen infantile Spiele oder grausige Gedichte an seinem Geburtstag wehren?

Im Prinzip: nein. Solcherart kulturelle Darbietungen spiegeln den gemeinen Volkshumor wider und geben verborgenen Talenten die Chance, öffentlich auf sich aufmerksam zu machen. Nach unbestätigten Gerüchten soll der kleine Franz Beckenbauer beim Geburtstag seines Opas mit seiner Fähigkeit, einen Leberknödel auf dem Fuß zu balancieren, als Fußballtalent entdeckt worden sein.

Wo ist die exzessive Grenze bei einem privaten Geburtstagsfest?

Alles, was unbeteiligte Nachbarn oder Mitmenschen akustisch oder körperlich in der Ausübung ihres täglichen oder nächtlichen Lebens stört, gilt als Grenzüberschreitung und ist zu unterlassen. Anders liegt der Fall, wenn die Nachbarn oder zufällig vorbeikommende Mitmenschen selber aktiv mitfeiern, dann sind haltloser Fröhlichkeit und Ausgelassenheit keine Schranken gesetzt.

Kommt nach 60 noch weiteres Leben?

Aber ja, im Grunde fängt das Leben erst an, wie 100-Jährige freudig bestätigen. Aus ihrem Kreis stammt auch der berühmte Winter-Schlager: „Sechzig Johr, grün am Ohr, so frier' ich vor dir."

Wann endet die Fürsorgepflicht des Gastgebers für stark alkoholisierte Gäste?

Mit dem Verlassen des Festes ist jeder Gast selber für sich verantwortlich. Wohlmeinende Ratschläge wie „Komm gut nach Hause" oder „Zieh dir wenigstens etwas an" sind jedoch ein Gebot der Höflichkeit.

Darf man eine Ü60-Party veranstalten, die Gäste unter 60 ausschließt?

Kann man, sollte es sich aber gut überlegen. Möglicherweise beschränkt man damit die Zahl der Gäste und macht damit aus einer großen Party einen geselligen Stuhlkreis. Jüngere Gäste bringen erfahrungsgemäß mehr Schwung ins Fest.

Muss ich meinen Apotheker einladen?

Durchaus empfehlenswert, es besteht aber das Risiko von Nebenwirkungen. Apotheker können für den Abend die falschen Rezepte haben und das Fest damit negativ beeinflussen. Im Notfall einen Arzt rufen.

Kann ich meinen Gästen verbieten, mein neues Alter öffentlich zu machen?

Es gab den Fall eines mit dem Geburtstagskind befreundeten BILD-Reporters, der nach dem Fest am nächsten Tag die BILD-Zeitung mit „BEATE 60! SELBER SCHULD!" betitelte. Er wurde nie wieder eingeladen.

Muss ich jetzt bei Facebook mein Profilbild ändern?

Da keiner bei Facebook auf seinen Fotos so aussieht wie in Wirklichkeit, spielt das überhaupt keine Rolle. Sollte man allerdings sein Geschlecht gewechselt haben, täte eine Korrektur schon gut.

Ich hab' aus meiner Kindheit noch die kleine Schachtel mit meiner Popelsammlung. Darf ich die an meinem Geburtstagsfest verlosen?

Warum nicht?

Darf ich an meinem Geburtstagsfest verkünden, dass ich seit zehn Jahren in meinen Thermomix verliebt bin?

In wen und warum man verliebt ist, ob in den Huber-Max oder in Karate-Joe, das darf jeder nach Herzenslust publik machen.

Mein Mann hat mir zum 60. Geburtstag einen von ihm ausgefüllten Lottoschein geschenkt und eine Gewinnwarnung ausgesprochen. Ist das zu glauben?

Der Trend zu Spekulationsgeschenken nimmt leider zu.

Zu meinem 60. Geburtstag hat sich ein alter Liebhaber von mir angesagt. Schlimm?

Ein jüngerer Liebhaber wäre besser.

Ein Geburtstagsgast aus Zürich war empört, dass ich ihn zur Begrüßung nicht dreimal geküsst habe. In der Schweiz sei das so üblich.

Solchen unzüchtigen Ritualen kann man mit dem Hinweis auf die MeToo-Debatte rasch ein Ende bereiten.

Darf man sein Alter öffentlich verleugnen?

Kann man. Das Internet weiß allerdings alles. Peinlich also, wenn eine Dreißigjährige als Sechzigjährige entlarvt wird.

Eine alte Freundin von mir kam drei Tage zu spät zu meinem Geburtstagsfest. Bin ich da noch verköstigungspflichtig?

Nein. Wer zu spät kommt, den bestraft das Leben. (Michael Gorbatschow aus dem Hause Wodka.)

Ein Freund von mir gab auf seinem 60. Geburtstag die Hochzeit mit einer 30 Jahre jüngeren Lammkönigin bekannt. Wie soll man da reagieren?

Es ist nicht unüblich, dass Jubilare die Stunde nutzen, um der Gesellschaft völlig unerwartet weitergehende Veränderungen zu verkünden. Viele wollen das Ruder noch einmal herumreißen. Hier hat sich ein wohlmeinendes „Alles Gute!" als Reaktion allenthalben bewährt.

VERGISS ES!

V E R D A M M T ! Mir fällt doch wieder der Schauspieler nicht ein, der mit dieser Blonden in dem Film von dem Regisseur in dieser Stadt mitgespielt hat, die mir auch nicht mehr einfällt. So was passiert mir häufig. Oder ich komme nicht auf den Namen einer Hauptstadt – das verfolgt mich dann bis in den Schlaf. In diesem Fall bin ich nachts schweißnass aufgewacht und habe laut „Helsinki!" in die Stille gerufen. Zum Glück war ich alleine. Am nächsten Morgen hatte ich das allerdings wieder vergessen. Früher nannte man so etwas Schusseligkeit, heute ist es natürlich gleich ein Alzheimer-Symptom. Da steckt doch garantiert diese Pharmaindustrie dahinter. Es gibt Tage, da fällt mir alles ein, auf der Stelle, auf Abruf, da kann ich Namen, Straßen, Hauptstädte oder Filmregisseure und Schauspieler raushauen, da staunen alle. Da fällt mir sogar ein, wem ich mal Geld geliehen habe. Als ich letztens Tina darauf ansprach, konnte sie sich beim besten Willen nicht erinnern, zählte mir stattdessen aber sämtliche Mitglieder der englischen Königsfamilie in chronologischer Reihenfolge auf. I was not amused.

EITELKEIT ALTERT NICHT.

RÜCKMELDUNGEN

Sehr geehrter Nachbar,

auch ich habe es als Sechzigjährige mit Freude genossen, wenn an meinem Namenstag liebe Gäste zu vorgerückter Stunde die Laute schlugen und gleichsam aus reiner Kehle schönes deutsches Volksliedergut intonierten. Damit möchte ich Ihnen zu verstehen geben, dass auch ich in jungen Jahren der Pflege von Feierlichkeiten nicht abhold war, aber diese Art von Musik, die Sie auf Ihrem Geburtstagsfest in schmerzhafter Lautstärke spielten, übersteigt meine Toleranzfähigkeit. Da dreht sich Rudi Schuricke im Grab herum! Nicht ein Auge habe ich zugemacht, empörend! So geht das nicht! Fernerhin möchte ich Sie bitten, mir den Namen des Gastes mitzuteilen, der mich bei meinem Beschwerdeanruf als "Alte Pussy!" bezeichnet hat.

Rechtliche Schritte behalte ich mir vor.
Höflichst, Ihre Bertha von Lauskamp

- - - - - - - -

Supi, supi! Danke nochmal für das geile Fest! Hast dir ja wieder einen Haufen Arbeit gemacht. Was ich dich noch fragen wollte: Wer war eigentlich dieser schnucklige Typ mit der gestreiften Weste, der die ganze Zeit auf dem Sofa saß? War die Kuh mit dem Höllenausschnitt seine Tussi? Örxxxxx!!! Woher kennst du den scharfen Kerl eigentlich? Steck mir mal ein paar Koordinaten zu - J

Tschaui, mein Schatz. Meld' dich mal.

Nora

Kannst du mal schauen, ob du irgendwo meine Brille findest? Zuletzt hatte ich sie auf dem Balkon, als wir Olivenweitwurf gespielt haben. Sie kann aber auch im Schlafzimmer liegen, da bin ich zuletzt in den Kleiderschrank gefallen.

Bitte, bitte, schau mal nach. Ist meine Lieblingsbrille.

Moritz

Meine Süße! War ja wie immer traumhaft. Fehlte an nichts. Wer hatte den Salat gemacht, den mit Thunfisch und Artischocken? Das war Menschenquälerei! Mir ist jetzt noch übel. Aber sonst war alles gelungen. Mit wem ich ja gar nicht kann, ist dein Schwager. Der war ja scharf wie Rettich und roch auch so. Was ich dich noch fragen wollte, wo hattest du dein Kleid gekauft? Als Freundin habe ich die Pflicht, dich vor Unglück zu bewahren. Du sahst darin aus wie eine aufgetauchte Wasserleiche. Sorry. Ein klasse Fest, kann ich nicht anders sagen. Bis auf den Wein. Insgesamt aber saustark. Ich liebe dich.

Bussi, Verena

FEUCHTGEBIETE

„ H I L F E ! " Wenn sie so in den Hörer schreit, ist was passiert.

„Hey, Mutti, was ist?"

„Ich hasse mich!" Wenn sie sich selber hasst, ist es besonders schlimm.

„Was rauscht denn da so penetrant?"

„Das ist mein Föhn!", ruft sie verzweifelt.

„Du frisierst dich während unseres Gespräches?", frage ich leicht gereizt.

„Mir ist ein Glas Mineralwasser in den Laptop gekippt!", kreischt sie, „jetzt sind alle Daten futsch!"

Ich fasse es nicht: „Du föhnst deinen Laptop? Spinnst du? Hör sofort damit auf!"

Sie schaltet ihn aus. Ich hab' ewig gebraucht, meiner Mutter den Zugang zur digitalen Welt schmackhaft zu machen – und nun das. Sie stellt sich halt manchmal auch etwas blöd an, ich kann es – bei allem Respekt – einfach nicht anders sagen.

„Alles futsch, alles futsch", wimmert sie.

Ich tröste sie: „Kein Problem, drehe ihn um, damit das Wasser ablaufen kann und gib ihm Zeit zum Trocknen", rate ich ihr.

Heute Vormittag teilt sie mir freudig mit, alles sei wieder okay.

„Na, siehste", sage ich, „und wenn's mal brennen sollte, drückst du einfach die Löschtaste."

„Echt?", fragt sie ungläubig. Tja, den Humor hab' ich von ihr geerbt.

....

SEXUALITÄT GEHT NUN NEUE WEGE.

GEBURTS-
TAGSLIEDER

LETZTENS WAREN ALTE Verwandte aus Chile bei uns. Wir tischten auf, was die deutsche Küche zu bieten hat – mangelnde Gastfreundschaft sollte man uns schließlich nicht nachsagen.

Erwartungsgemäß hat der Chilene auch großen Spaß an alkoholischen Getränken.

Rundum wohl gefüllt, saßen wir also alle im großen Kreis um den Kamin herum und plauderten fröhlich.

Punkt Mitternacht hatte Ricardo Geburtstag! Da brach in ihnen die südamerikanische Sangeslust durch, sie schmetterten ein Lied nach dem anderen, und über welch gewaltiges Repertoire an Geburtstagsliedern sie verfügten – wir waren begeistert.

Nachdem sie sich die Kehlen wund gesungen hatten, signalisierten sie uns in spanisch-englischem Kauderwelsch, wir sollten doch auch etwas zu Ehren des Jubilars zum Besten geben. Verzweifelt grölten wir „Happy birthday to you" und, als sie immer noch nicht genug hatten, als Zugabe das bewährte „Wir lagen vor Madagaskar und hatten die Pest an Bord". Ricardo war tief berührt. Auf seine Frage, worum es in diesem Lied ginge, antworteten wir: „Um die Liebe".

Er hat es geschluckt.

■ WENN SIE NOCH MAL AUF DIE WELT KÄMEN, WÜRDEN SIE ALLES WIEDER GENAUSO MACHEN?

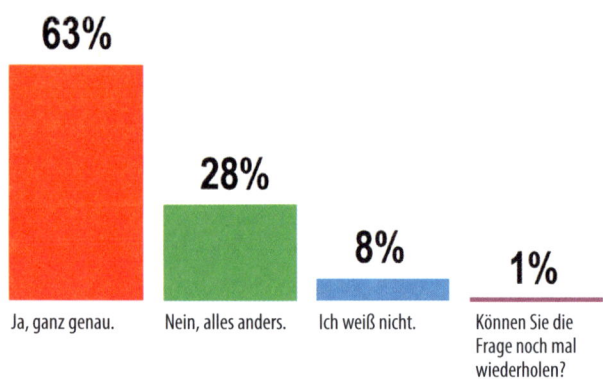

63%

28%

8%

1%

Ja, ganz genau.   Nein, alles anders.   Ich weiß nicht.   Können Sie die Frage noch mal wiederholen?

■ BEREUEN SIE, DASS SIE GEHEIRATET HABEN?

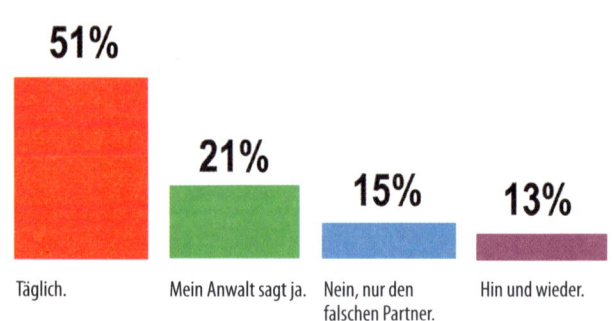

51%

21%

15%

13%

Täglich.   Mein Anwalt sagt ja.   Nein, nur den falschen Partner.   Hin und wieder.

KOMPLIMENTE UNTERLIEGEN KEINER ALTERSBESCHRÄNKUNG

MOUNT LINDE

NICHTS IST MEHR wie früher, auch der Gärtner heißt nicht mehr Gärtner.

Er fährt in einem schweren, schwarzgrünen Pick-up vor. Sein Overall hat die gleichen Farben, darauf lese ich „Joe Hansen. Tree-Climber." „Gärtner" ist also voll out. Sein Händedruck ist kräftig, seine Worte auch. Er taxiert meine Bäume und markiert mir mit dem Hand-Laser genau, wo sie beschnitten werden müssen.

„Dort und da – sehen Sie? – Muss alles weg."

Ich bin schwer beeindruckt. Ein Baumcutter plant mittels hoch entwickelter Lasertechnologie. Wow!

Er lässt mir einen Kostenvoranschlag da. Grrr … na, meinetwegen.

Nächste Woche kommt er mit zwei Sherpas wieder, alle in Schwarz-Grün. Er braucht etwas Zeit, um sich das Geschirr anzulegen, dann steigt er angeseilt in die Linde. Seine Sherpas sichern von unten und liefern ihm die Motorsäge ins Basislager. Es kracht und bricht im Geäst, er muss den Wipfel erreicht haben. Die Sherpas applaudieren. Dann hagelt es abgesägte Äste in allen Größen.

Ich stelle inzwischen den Champagner kalt. Stand so im Kostenvoranschlag. Früher hat's auch ein Bier getan …

GOLDENE WORTE

AUF DEM GEBURTSTAGSFEST lernte ich eine interessante Frau kennen. Ihr sensibles Gesicht mit einem Hauch schwebender Melancholie stand im starken Kontrast zu ihrem ziemlich mächtigen Körperbau. Wie sollte es anders sein, sie war Künstlerin und ein spürbar großherziger Mensch. Ihr Geld verdiente sie als Restaurateurin in Kirchen und Klöstern.

Unbekümmert sprach sie den erlesenen Weinen zu und plauderte ausufernd, aber dennoch wundervoll unterhaltsam, über dies und das. Gerade, als ich zu ermüden drohte, vernahm ich von ihr den ausklingenden Satzfetzen: „... sagte er etwas, was ich ab da zu meiner persönlichen Lebensmaxime gemacht habe."

Auf der Stelle war ich hellwach! Denn immer noch zählte ich mich zu den zähen Suchenden, der auf das Wunder des einen philosophischen Schlüssels wartete, der in alle Schlösser des Lebens passt. Ich griff mir sofort eine Serviette, um alles zu notieren und ja keine Silbe zu verpassen.

Ihren goldenen Lippen entsprang: „Er sagte: In hundert Jahren kräht kein Haar danach!" Sie nickte ihrem Satz hinterher und starrte mich erwartungsvoll an.

Ich wusste wohl nicht, wann ich diesen Satz schon mal gehört hatte und von welchem großen Denker er stammte, aber er kam mir bekannt vor. Wenn ich meinen Kopf noch etwas mehr anstrengte, war mir, als hätte ich ihn ein ganz klein wenig anders in Erinnerung. Da

Selbstzweifel zu meinen angeborenen Tugenden gehören, quälte ich mich mit der Frage, ob es nicht doch möglich sei, dass es irgendwo auf der weiten Welt, in irgendwelchen Ecken oder Nischen, die zu erforschen meine Lebenszeit nicht ausreichen würde, nicht doch ein Haar leben könnte, das zu krähen in der Lage war?

In ihrem beseelten Blick las ich den Wunsch, ihr endlich zu bestätigen, dass diese epochale Weisheit ab heute auch mein Leitfaden sein würde. Ich, dankbar und bewegt: „Großartig!"

Aber so ganz konnte ich ihr Geschenk nicht annehmen, ohne auch ihr etwas fürs Leben mitzugeben. Auch ich hätte nämlich einen Satz, der mich mit steigendem Alter immer mehr geprägt hätte, sagte ich ihr. Sie platzte fast vor Neugier.

„Die Einschläge kommen näher!", flüsterte ich.

Sie taumelte. „Das ist ja unglaublich! Genau! Wundervoll! Das muss ich gleich meinen Freundinnen erzählen!"

Während ich die Gelegenheit nutzte, die Toilette aufzusuchen, vernahm ich sie aus einem kleinen Kreis zusammenstehender Frauen: „Die Einträge kommen näher!"

Hören tut sie also auch schon schlechter.

MIT NEUEN LINSEN SIEHT MAN BESSER

GEBURTSTAGSHOROSKOP

FÜR DIE FRAU

Wenn der Tag schon mal da ist, dann genießt du ihn. Viele Anrufe machen dir Freude. Die dich vergessen haben, notierst du dir. Warmer Regen am Nachmittag. Ein Kurierfahrer findet dich nicht. Im Internet wird viel von dir erzählt. Ärger am frühen Abend. Jemand hat dein Alter verraten. Schatten von der Verwandtschaft. Aber die Sonne ist dir gewogen.

Gut, dass es Alkohol gibt. Gefahr von körperlicher Anstrengung. Tanzen und Eistorte essen solltest du nicht. Zum Glück ist ein Arzt in der Familie. Dann sollte man ihn aber auch einladen. Du bist Mittelpunkt. Ein gelungener Tag. Nicht das Aspirin vergessen.

GEBURTSTAGSHOROSKOP

FÜR DEN MANN

Das wird ein langer Tag. Fühlt sich gut an. In der Firma kommen Forderungen auf dich zu.

Schick den Azubi. Um Mittag herum leichte Formkrise. Du fühlst dich feucht an. Eine Begegnung kommt unerwartet. Geschenke aus ungewöhnlicher Hand. Sei offen. Ein guter Nachbar kann zum Ärgernis werden. Überprüfe dein Feierkonzept, vor allem die Sitzordnung. Negativ plus negativ muss nicht immer positiv werden. Ein Salat macht Probleme. Am späten Abend kleine Störfelder durch die buckelige Verwandtschaft. Dann löst sich alles auf. Gelacht wird viel. Und Vieles zum Glück wieder vergessen. Geburtstagsfreude: Der Hund hat wieder normalen Stuhl.

ICH WILL

I c h w i l l nicht mehr nur Harz und Plön,
will nicht in Thermenbrühe stehn,
will nicht aus faden Quellen trinken,
will nicht den Pflegekräften winken.

Ich will keine Werbereisen,
will nicht in vollen Hallen speisen,
will nicht in alten Cafés tratschen,
will nicht durch alte Kirchen latschen.

Ich will den Duft von Bali riechen,
will durch Ramses' Gräber kriechen,
will den Zuckerhut abschlecken,
will unbedingt Dornröschen wecken.

Ich will auf Elefanten reiten,
will Karawanen weit begleiten,
will mit Delfinen fröhlich tauchen,
will mit Indianern Pfeife rauchen.

Ich will herum auf Mutter Erde,
bevor ich alt und klapprig werde,
will laufen, tänzeln, hüpfen, fliegen,
denn später kann ich ewig liegen.

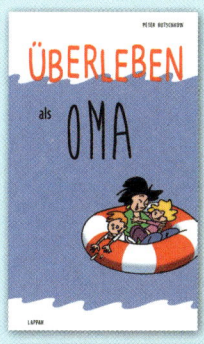

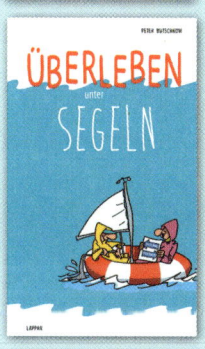
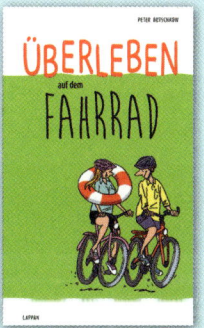

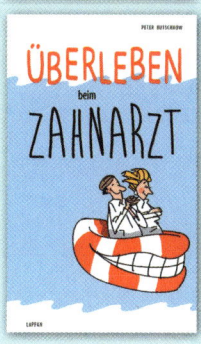

Peter Butschkow,
Baujahr 1944, widmet sich seit Jahren
dem Älterwerden mit beruflichem wie
privatem Interesse und einer gehörigen
Portion Witz. 60 war er vor einiger Zeit
selbst – und weiß es noch wie heute:
Das nimmt man am besten mit Humor.

© 2018 Lappan Verlag in der Carlsen Verlag GmbH, Oldenburg/Hamburg

ISBN 978-3-8303-4433-9

Texte und Cartoons: Peter Butschkow
Herstellung | Gestaltung: Monika Swirski

Druck und Bindung: Balto Print

Printed in Lithuania

lappan.de